1894 - Décembre. 26.

COLLECTION DE M. F.

(QUATRIÈME PARTIE)

EAUX-FORTES

MODERNES

26 DÉCEMBRE 1894

Mᵉ MAURICE DELESTRE
COMMISSAIRE-PRISEUR
27, rue Drouot, 27

M. DUPONT AÎNÉ
MARCHAND D'ESTAMPES
21, rue de Seine, 21

PARIS

IMPRIMERIE D. DUMOULIN ET Cie

5, RUE DES GRANDS-AUGUSTINS, 5

CATALOGUE

(N° 136)

D'EAUX-FORTES

MODERNES

PAR ET D'APRÈS

Bracquemond, J. Breton, Corot, Courtry, Daubigny, Detaille,

J. Dupré, Gaujean, L. Gautier, Gilbert, Gœneutte, Ch. Jacque,

Jacquemart, Jazinski, Kratké, Laguillermie, Lalanne,

Lalauze, L. Leloir, Martial,

ŒUVRE DE MEISSONIER

Milius, Millet, Mongin, Rajon, Rosa Bonheur, Waltner, Ziem, etc.

ÉPREUVES D'ARTISTE

SUR PARCHEMIN ET SUR JAPON

DONT LA VENTE AURA LIEU

HOTEL DES COMMISSAIRES-PRISEURS, RUE DROUOT, 9, SALLE N° 8

Le Mercredi 26 Décembre 1894

à deux heures précises.

Par le ministère de Mᵉ **MAURICE DELESTRE**, commissaire-priseur,
Rue Drouot, 27.

Assisté de M. **DUPONT** aîné, marchand d'estampes, rue de Seine, 21.

PARIS, 1894

CONDITIONS DE LA VENTE

———

Elle sera faite au comptant.

Les acquéreurs payeront CINQ POUR CENT en sus des enchère applicables aux frais.

———

L'ordre du Catalogue sera suivi.

DÉSIGNATION

EAUX-FORTES

BOILOT

1 — L'Amateur de peinture, d'après Aranda.
Très belle épreuve d'artiste, avec remarque, sur parchemin.

BONVIN

2 — La Récureuse, par Daumont. — Fillette et sa poupée.
Deux pièces, très belles épreuves d'artiste.

BORREL ET HANRIOT

3 — Le Traîneau, d'après Boucher. — Femme du Pollet, d'après Vollon.
Deux pièces, très belles épreuves d'artiste sur japon.

BOULARD (A.)

4 — Mon ancien régiment, d'après Detaille.
Très belle épreuve.

BRACQUEMOND

5 — Boissy-d'Anglas à la Convention, d'après E. Delacroix (B. 341).
Très belle épreuve d'artiste sur japon, avec la lettre B.

BRETON (J.)

6 — Les Premières communiantes, par Lesigne.
Très belle épreuve d'artiste, avec remarque, sur parchemin, signée.

CARAVAGLIA

7 — La Vierge à la chaise, d'après Raphaël.
Très belle épreuve avant la lettre.

CHAMPOLLION

8 — Décavé, d'après Orchardson.

Très belle épreuve d'artiste, avec remarque.

9 — Un coin de jardin, d'après Casanova.

Très belle épreuve sur chine.

COPPIER (Ch.)

10 — La Ronde de nuit, d'après Rembrandt.

Très belle épreuve d'artiste, avec remarque, sur parchemin, signée.

COROT (d'après)

11 — Les Chaumières, par Gautier.

Très belle épreuve d'artiste, avec remarque, sur parchemin, signée.

12 — L'Arbre brisé, par Gautier.

Très belle épreuve d'artiste, avec remarque, sur parchemin, signée.

13 — Le Lac de Garde, par Gautier.

Très belle épreuve d'artiste sur parchemin, signée.

COURTRY (Ch.)

14 — Les Vieilles femmes de la place Navone, d'après Robert Fleury.

Très belle épreuve d'artiste sur chine.

15 — La Partie de cartes, d'après Pietre de Hooghe.

Très belle épreuve d'artiste   chine.

DAKE (C.)

16 — Portrait de Beethoven.

Très belle épreuve.

DAUBIGNY (d'après)

17 — Le Soir, par Gautier.

Très belle épreuve d'artiste, avec remarque, sur parchemin, signée.

DAUMIER

18 — Les Amateurs de peinture, par Ramus.
Très belle épreuve d'artiste sur parchemin.

DEBLOIS

19 — Le Concert, d'après Terburg.
Épreuve d'artiste.

DETAILLE

20 — Uhlan en reconnaissance.
Très belle épreuve d'artiste sur japon.

21 — Trompette de chasseurs à cheval.
Très belle épreuve d'artiste sur japon.

22 — Un Cuirassier.
Très belle épreuve d'artiste sur japon.

DUPRÉ (Julien)

23 — La Mare, par Gautier.
Très belle épreuve d'artiste sur parchemin, signée.

EGUSQUIZA (DE)

24 — Portrait de Richard Wagner.
Très belle épreuve.

FLAMENG (L.)

25 — Jeune Fille, d'après Greuze (B. 285).
Très belle épreuve d'artiste.

FORÉL

26 — Le Pont-Neuf.
Très belle épreuve d'artiste, signée.

GAUJEAN (E.)

27 — Souvenirs, d'après Chaplin ; eau-forte en couleur.
Très belle épreuve d'artiste, avec remarque, sur japon, signée.

GAUJEAN (E.)

28 — Tête de jeune fille, d'après Greuze; eau-forte en couleur.

    Épreuve d'artiste sur japon, signée.

29 — Jeune fille à l'oiseau, d'après Escudier; eau-forte en couleur.

    Épreuve d'artiste.

30 — Les Baigneuses, d'après Fragonard; eau-forte en couleur.

    Épreuve d'artiste sur japon, signée.

31 — L'Enfant aux cerises, d'après Russell.

    Épreuve d'artiste, avec remarque, sur japon, signée.

32 — La Paye des hâleurs au Havre, d'après Gœneutte.

    Épreuve d'artiste, avec remarque, sur japon.

33 — La Vierge, saint Georges et saint Donatien, d'après Van Eyck.

    Épreuve d'artiste sur japon, signée.

34 — Bohémiens devant Louis XI, d'après Comte.

    Épreuve d'artiste sur japon.

GAUTIER (L.)

35 — La Sainte Chapelle.

    Très belle épreuve d'artiste, avec remarque, sur parchemin.

36 — Brocklyn-bridge.

    Très belle épreuve d'artiste, avec remarque, sur parchemin, signée.

37 — L'Abside de Notre-Dame de Paris.

    Très belle épreuve d'artiste, avec remarque, sur japon, signée.

38 — Le Rialto.

    Très belle épreuve d'artiste, avec remarque, signée.

GAUTIER (L.)

3) — Le Forum. — Le Château Saint-Ange.

> Deux pièces, très belles épreuves d'artiste, signées.

40 — Santa Maria della Salute à Venise, d'après Canaletti.

> Très belle épreuve d'artiste, avec remarque, sur japon, signée.

GÉROME

41 — Le Fumeur.

> Très belle d'artiste sur chine.

GILBERT

42 — Napoléon en 1815, d'après Raffet.

> Très belle épreuve d'artiste, avec remarque, signée.

GŒNEUTTE (N.)

43 — La Bergerie.

> Très belle épreuve d'artiste, avec remarques, sur parchemin, signée.

HANRIOT

44 — La Dame au masque, d'après Gervex.

> Très belle épreuve d'artiste sur japon.

45 — Hérodiade, d'après Humbert. — La Sulamite, d'après Benjamin Constant. — La Jeune fille et la Mort, d'après Sarah Bernhardt, etc.

> Quatre pièces, très belles épreuves d'artiste.

HÉLIOGRAVURES

46 — Reproductions d'après Berghem, Paul Potter, etc., par Amand Durand.

> Huit pièces, très belles épreuves sur parchemin.

47 — Reproductions d'après A. Durer, Cl. Lorrain, Van Dyck, etc., par Amand Durand.

> Quatorze pièces, très belles épreuves sur papier ancien.

ISRAELS (d'après)

48 — L'Attente, par Richeton.

> Très belle épreuve d'artiste sur chine, signée du peintre et du graveur.

JACQUE (Ch.)

49 — La Bergerie, par Gautier.

> Très belle épreuve d'artiste, avec remarque, sur japon, signée.

JACQUEMART

50 — Avant le bal (H. B. 327).

> Très belle épreuve d'artiste sur japon.

51 — Vase de Vincennes, — Tasse de Sèvres, — Cassolette, — Portrait de Rembrandt, — Frontispice, — Souvenirs de voyage.

> Sept pièces, très belles épreuves, dont cinq d'artiste.

JAZINSKI

52 — La Dame rose, d'après Stévens.

> Très belle épreuve d'artiste sur parchemin.

KRATKÉ

53 — Le Repas.

> Très belle épreuve d'artiste, avec remarque, sur parchemin, signée.

54 — Le Moulin.

> Très belle épreuve d'artiste, avec remarque, sur parchemin, signée.

55 — Arquebusier, d'après Fortuny.

> Très belle épreuve d'artiste, avec remarque, sur japon, signée.

KRUSMAN

56 — Village de Californie.

> Très belle épreuve d'artiste sur japon, signée.

LAGUILLERMIE

57 — A la porte du Sérail, d'après Fortuny.

> Très belle épreuve d'artiste sur japon.

LAGUILLERMIE

58 — Le Condottiere, d'après Antonello de Messine.

> Très belle épreuve d'artiste sur chine, signée.

59 — La même estampe.

> Très belle épreuve d'artiste sur chine.

60 — Vente d'esclaves, d'après Boulanger.

> Très belle épreuve d'artiste.

LALANNE (M.)

61 — Souvenirs artistiques du Siège de Paris.

> Suite complète de douze pièces, avec la couverture. Très belles épreuves.

62 — Chez Victor Hugo.

> Suite complète de douze pièces. Très belles épreuves sur chine, signées.

63 — Le Billard : texte de A. Lalanne (Aubry, Paris, 1866).

> Deux eaux-fortes, épreuves d'artiste.

LALAUZE

64 — La Balançoire, — Jeune pêcheuse, — Le guet-apens.

> Trois pièces, très belles épreuves d'artiste.

65 — Portraits de J.-J Rousseau, — Quentin de la Tour, d'après les portraits du musée de Saint-Quentin.

> Deux pièces, très belles épreuves d'artiste.

66 — La Camargo et femmes célèbres du xviiie siècle, d'après Quentin de la Tour.

> Cinq pièces, très belles épreuves d'artiste.

67 — Personnages du xviiie siècle, d'après Quentin de la Tour.

> Trois pièces, très belles épreuves.

LAMOTTE (A.)

68 — Souvenirs, d'après Chaplin.

Très belle épreuve d'artiste sur chine.

LAUGÉE

69 — La Récolte des œillettes, par Kratké.

Très belle épreuve d'artiste, avec remarque, sur parchemin, signée.

LELOIR (L. et M.)

70 — L'Atelier, par Ruet.

Très belle épreuve d'artiste.

71 — Dame, — Cavalier, par Boilot.

Deux pièces, très belles épreuves d'artiste sur japon, signées.

LIÈVRE (E.)

72 — Armes, armures, objets d'art.

Seize pièces, très belles épreuves d'artiste sur parchemin.

73 — Les Arts décoratifs, reproductions en chromolithographie de vases, broderies, étoffes, etc.

Soixante-quatre pièces, très belles épreuves.

LOS RIOS (DE)

74 — Le Printemps, d'après Lerolle.

Très belle épreuve d'artiste, avec remarque, sur japon, signée.

LUCAS (L.)

75 — La mère de Rembrandt, — Tête d'homme, d'après Carolus Duran, — Deux vieillards, d'après Téniers.

Trois pièces, très belles épreuves d'artiste, dont deux sur japon et une sur parchemin.

MANLEY

76 — Environs de Boston.

Très belle épreuve d'artiste, avec remarque, sur japon, signée.

MARCELLIN (L.)

77 — Abraham et les Anges, d'après Rembrandt.

Très belle épreuve d'artiste, avec remarque, sur parchemin, signée.

MARE (DE)

78 — Angoisses, d'après Schenck.

Très belle épreuve d'artiste, signée.

MARTIAL

79 — Citoyen de l'an V, d'après L. Goupil.

Très belle épreuve d'artiste sur japon.

MASSARD (J.)

80 — Jeune Veuve, d'après Greuze.

Très belle épreuve d'artiste, avec remarque.

MEISSONIER

81 — Polichinelle.

Très belle épreuve d'artiste sur grand papier.

82 — Le Sergent rapporteur (H.-B. 14).

Très belle épreuve, avec l'astérisque et avant les mots Imp. Salmon dans le cuivre, sur papier ancien.

MEISSONIER (d'après)

83 — Meissonier à cheval, par Lalauze.

Très belle épreuve d'artiste sur parchemin.

84 — Meissonier, sculpteur, par Monziès.

Très belle épreuve d'artiste sur parchemin.

85 — Meissonier en uniforme militaire, par Monziès.

Très belle épreuve d'artiste sur parchemin.

86 — Meissonier en habit d'académicien, par Ch. Waltner.

Très belle épreuve d'artiste sur parchemin.

MEISSONIER (d'après)

87 — Cavalier, par Alasonnière.

Très belle épreuve d'artiste, avec remarque, sur parchemin.

88 — Liseur, par Boilot.

Très belle épreuve d'artiste.

89 — Siège de Paris 1871, allégorie par Burney.

Très belle épreuve d'artiste sur parchemin.

90 — Charlemagne, par Caron.

Très belle épreuve d'artiste sur chine.

91 — Napoléon et son État-Major, par Coppier.

Très belle épreuve d'artiste, avec remarque, sur parchemin, signée.

92 — La même estampe.

Très belle épreuve d'artiste, avec remarque, sur japon.

93 — L'Homme à la fenêtre, par Coppier.

Très belle épreuve d'artiste, avec remarque, sur vélin, signée.

94 — Les Amateurs d'estampes, par Courtry.

Très belle épreuve d'artiste sur japon, signée .

95 — Le Hallebardier, par Desclaux.

Très belle épreuve d'artiste sur chine.

96 — L'Amateur de tableaux, par Desclaux .

Belle épreuve.

97 — Arquebusier, par Duvivier.

Très belle épreuve.

98 — La Sentinelle, par Gaucherel.

Très belle épreuve d'état, le soldat seul avant les fonds. — Sur japon, signée.

99 — Napoléon, 1814, par Gautier.

Très belle épreuve d'artiste, avec remarque, sur japon, signée.

MEISSONIER (d'après)

100 — Officier Louis XVIII, par Gilbert.

Très belle épreuve d'artiste, avec remarque, sur parchemin, signée.

101 — Joueur de guitare, par Gilbert.

Très belle épreuve d'artiste, avec remarque, sur japon, signée.

102 — Sous le balcon, par Gilbert.

Très belle épreuve d'artiste, avec remarque, sur japon, signée.

103 — Le Sergent recruteur, par Hédouin.

Très belle épreuve sur chine.

104 — Le Liseur, par Jacquemart.

Très belle épreuve d'artiste, signée.

105 — Le Liseur, par Jacquemart.

Très belle épreuve.

106 — Défilé des populations lorraines, par Jacquemart.

Superbe épreuve d'artiste, avec les noms des artistes tracés à la pointe.

107 — Cavaliers Louis XIII, par Kratké.

Très belle épreuve d'artiste sur japon, signée.

108 — Le Maréchal Duroc, par Kratké.

Très belle épreuve d'artiste sur japon.

109 — Le Déjeuner, par Kratké.

Très belle épreuve d'artiste sur parchemin.

110 — Vedette de dragons, par Kratké.

Très belle épreuve d'artiste sur japon.

111 — Un guide de la Garde impériale, par Kratké.

Très belle épreuve d'artiste sur japon.

112 — Cuirassier, par Kratké.

Très belle épreuve d'artiste sur japon.

MEISSONIER (d'après)

113 — Cuirassier, autre planche, par Kratké.

> Très belle épreuve d'artiste sur japon.

114 — Porte-Drapeau, par Kratké.

> Très belle épreuve d'artiste sur japon.

115 — Porte-Drapeau, autre planche.

> Très belle épreuve d'artiste, avec salissures dans les marges.

116 — Trompette de dragons, — Un général de profil à droite, — Général à cheval de trois quarts à gauche, par Kratké.

> Trois pièces. Très belles épreuves d'artiste sur japon.

117 — Études de chevaux, par Kratké.

> Deux pièces. Très belles épreuves d'artiste sur japon.

118 — Annibal, par Le Rat.

> Très belle épreuve d'artiste.

119 — Tourne-bride, par Le Rat.

> Très belle épreuve d'artiste.

120 — Le Philosophe, par Le Rat.

> Très belle épreuve d'un état très avancé, avec des croquis dans la marge à droite. — Sur chine, signée.

121 — Le Philosophe, par Le Rat.

> Très belle épreuve d'artiste sur japon, signée.

122 — Le Liseur, par C. Nanteuil.

> Très belle épreuve sur chine.

123 — Hallebardier, par C. Nanteuil, — Les Lansquenets, par Sirouy, — Homme d'armes Henri II, par Dufourmantelle.

> Trois pièces. Très belles épreuves sur chine.

MEISSONIER (d'après

124 — Borée, par de Mare.

Très belle épreuve d'artiste sur parchemin, signée.

125 — Le Convoi, — La Barricade, par de Mare.

Deux pièces. Très belles épreuves d'artiste sur japon, signées.

126 — Vignettes pour les Contes rémois, par Martin Chablis.

Quatorze pièces. Très belles épreuves d'artiste sur grand papier.

127 — Les Généraux dans la neige, par Mongin.

Très belle épreuve d'artiste.

128 — A. Dumas fils, par Mongin.

Très belle épreuve d'artiste sur japon, signée.

129 — La Lecture chez Diderot, par Mongin.

Très belle épreuve d'artiste, signée.

130 — L'Ordonnance, par Mongin.

Très belle épreuve du 1er état, à l'eau-forte pure, signée. Très rare.

131 — La même estampe.

Superbe épreuve d'artiste sur chine, signée. Très rare.

132 — Le Joueur de guitare, par Mouilleron.

Très belle épreuve d'artiste sur chine.

133 — Annibal, par H. Poterlet.

Très belle épreuve d'artiste, avec remarque, sur parchemin, signée.

134 — Le Baiser, par Poterlet.

Très belle épreuve d'artiste, avec remarque, sur japon, signée.

135 — Charles Meissonier, par Rajon.

Très belle épreuve d'artiste sur japon, signée.

MEISSONIER (d'après)

136 — Le Peintre, par P. Rajon.
Belle épreuve d'artiste sur chine volant.

137 — Le Liseur, par Rajon.
Très belle épreuve d'artiste sur papier ancien.

138 — Le Graveur à l'eau-forte, par Rajon.
Très belle épreuve d'artiste sur japon.

139 — Liseur debout, par Spinelli.
Très belle épreuve d'artiste, avec remarque, sur parchemin, signée.

140 — La Chanson, par Vion.
Très belle épreuve d'artiste, avec remarque, sur parchemin, signée.

141 — Le Rieur, par Walker.
Très belle épreuve d'artiste, avec remarque, sur parchemin, signée.

142 — Portrait de Meissonier, par Ch. Waltner.
Très belle épreuve d'artiste.

143 — Annibal.
Fac-similé.

MERCIER

144 — Mme de Pompadour.
Très belle épreuve d'artiste sur chine, signée.

MILIUS

145 — Portrait de jeune fille, d'après Véronèse.
Très belle épreuve d'artiste, avec remarque, sur japon, signée.

146 — Portrait de femme, d'après Watteau.
Très belle épreuve d'artiste sur japon, signée.

147 — A la fontaine, d'après J. Breton.
Très belle épreuve d'artiste, avec remarque, sur japon, signée.

MILLET (d'après)

148 — L'Angelus, par Lesigne.

Très belle épreuve d'artiste, avec remarque, sur parchemin, signée.

149 — La même estampe.

Très belle épreuve d'artiste sur parchemin, signée. (Cette épreuve porte en marge six croquis des œuvres principales de J.-F. Millet.)

150 — La Femme au rouet, par Lesigne.

Très belle épreuve d'artiste, avec remarque, sur parchemin.

151 — Les Laveuses, par Lesigne.

Très belle épreuve d'artiste sur parchemin, signée.

152 — La Tonte, par Chassinat.

Très belle épreuve d'artiste, avec remarque, sur parchemin, signée.

153 — La Baratteuse, par Kratké.

Très belle épreuve d'artiste sur japon, signée.

154 — Les Glaneuses, d'après Kratké.

Très belle épreuve d'artiste sur japon, avec remarques, signée.

MONGIN

155 — Le Passage du North-West, d'après Millais, — L'Attente, d'après Stevens.

Deux pièces. Très belles épreuves.

MONZIÉS

156 — Un Amateur, — Jeune fille, d'après Fragonard.

Deux pièces. Très belles épreuves d'artiste.

OUDART

157 — Dans la prairie, d'après Julien Dupré.

Très belle épreuve d'artiste, avec remarque sur japon, signée.

RAJON

158 — Portrait de Baudry.

Très belle épreuve d'artiste sur chine.

159 — L'Arquebusier.

Très belle épreuve d'artiste sur japon, signée.

160 — Jeune fille de la famille de Brignoles.

Deux pièces. Très belles épreuves d'artiste sur chine.

161 — Tête de jeune fille.

Très belle épreuve d'artiste tirée en sanguine.

162 — Rêverie, d'après G. Jacquet.

Deux pièces. Très belles épreuves d'artiste sur chine, dont une por-
tant la dédicace : « A mon ami Rajon, G. Jacquet. »

163 — Lord Gower ; deux portraits différents.

Quatre pièces. Très belles épreuves d'artiste.

164 — Portrait de Mme Cleveland.

Très belle épreuve d'artiste sur japon.

165 — Rembrandt gravant dans son atelier, d'après Gérome.

Très belle épreuve d'artiste, signée.

166 — Le Duel après le bal, d'après Gérome.

Superbe épreuve, signée.

167 — Portraits du R. P. Martineau et de Reid.

Trois pièces. Très belles épreuves d'artiste.

REYNAUD (F.)

168 — Le Coup de main, d'après Renouf.

Très belle épreuve d'artiste sur parchemin.

169 — Les Laveuses.

Très belle épreuve d'artiste, avec remarque, sur parchemin, signée.

ROSA BONHEUR

170 — Rendez-vous de chasse, par Gautier.

Très belle épreuve d'artiste, avec remarque, sur parchemin, signée.

RUET

171 — L'Atelier, d'après Maurice Leloir.

Très belle épreuve d'artiste sur japon, signée.

SARTIN

172 — Arrivée à la chapelle, d'après Moran.

Très belle épreuve d'artiste, avec remarque, sur chine, signée du peintre et du graveur.

SOMM (H.)

173 — Brune, — Blonde, — Femme au grand chapeau.

Trois pièces. Très belles épreuves d'artiste, signées.

SPINELLI

174 — Saint Jean l'hospitalier, d'après Dawant.

Très belle épreuve d'artiste sur japon, signée du peintre et du graveur.

STOTHARD

175 — Tête de jeune femme.

Très belle épreuve en couleur.

VIBERT

176 — Le Portrait, par Mongin.

Très belle épreuve d'artiste sur japon.

VOGEL

177 — Marie-Louise de Tassis, d'après Van Dyck.

Très belle épreuve sur chine.

WALTNER (Ch.)

178 — Mme Van Vollenhoven, d'après Raveinstein.

Très belle épreuve d'artiste sur parchemin.

WALTNER

179 — La même estampe.

Très belle épreuve d'artiste sur parchemin.

180 — A Yeoman of the Guard, d'après Millais.

Très belle épreuve d'artiste sur japon.

181 — La Bohémienne, d'après G. Ricard.

Très belle épreuve d'artiste sur japon.

182 — Le Vase de Chine, d'après Fortuny.

Très belle épreuve d'artiste sur japon.

183 — La Musique.

Très belle épreuve d'artiste sur japon.

184 — Son Altesse le Prince de Galles.

Très belle épreuve d'artiste sur chine.

185 — Portraits de jeunes filles, d'après Gainsborough.

Très belle épreuve d'artiste, avec remarque, sur parchemin, signée.

XIMÉNÈS

186 — Jeunes gens à marier, par Spinelli.

Très belle épreuve d'artiste, avec remarque, sur parchemin, signée.

187 — La même estampe.

Très belle épreuve d'artiste sur chine.

ZIEM

188 — Le Grand Canal à Venise, par L. Gautier,

Très belle épreuve d'artiste, avec remarque, sur parchemin, signée.

Imprimerie D. Dumoulin et Cie, à Paris.

www.ingramcontent.com/pod-product-compliance
Lightning Source LLC
LaVergne TN
LVHW020647180726
843502LV00006B/2304